Oliver Künzel

Spuren auf der Haut

Ein therapeutisches Programm

Oliver Künzel

Spuren auf der Haut

Spuren auf der Haut

Ein therapeutisches Programm

verlag modernes lernen - Dortmund

Herstellung: Löer Druck GmbH, 44139 Dortmund

Bestell-Nr. 1036

ISBN 3-8080-0458-4

Inhalt

Vorwort

Seit vielen Jahren arbeite ich als Ergotherapeut in einer Praxis in Würzburg.
Es kommen immer wieder Kinder zu mir, die Schwierigkeiten haben, sich die richtige Schreibweise von Buchstaben zu merken. Ein Vorschulkind, das monatelang versucht sich die Schreibweise seines Namens zu merken, einige Buchstaben aber immer wieder falsch schreibt (häufig in Spiegelschrift), sollte auf seine Wahrnehmungsfähigkeit bezüglich der Raum-Lage untersucht werden. Ein Problem, das bereits im Kindergarten erkannt werden müßte.
Häufig sind diese Kinder aber schon in der Schule, und der Druck von Lehrern auf die Eltern und von diesen auf die Kinder ist besonders hoch. Der Hilferuf an den Ergotherapeuten ist also entsprechend groß.

Auf diesen Druck reagieren Kinder oft mit agressivem Verhalten und/oder mit starkem Aktivitätsdrang.

Aus der Not heraus diesen Kindern schnell helfen zu müssen, wie auch mich selbst in diesem Spannungsgefüge zurechtzufinden, suche ich einerseits nach ruheschaffenden Tätigkeiten, die von Kindern gerne angenommen werden, andererseits nach Methoden, die auf spielerische Weise den Umgang mit Formen und ihrer Lage zueinander bieten.

Große Spiele zur Förderung von räumlicher Wahrnehmung und Körperwahrnehmung sind weiterhin wichtig, sind aber gerade bei sehr aktiven Kindern oft schwierig durchzuführen. Sogar strukturierende Motorikparcours enthalten oft noch zu viele ablenkende und somit destrukturierende Reize (bunte Stäbe und Ringe), so daß solche Stunden häufig chaotisch verlaufen.

Diesem Aktivitätsdrang einen Gegenpol zu verschaffen, ist ebenfalls Anliegen und Idee dieses Arbeitsheftes. Zweifelsohne ist das aktive Bewegungsspiel gerade für diese Kinder besonders wichtig (Verarbeitung von Erlebtem und Spüren des eigenen Körpers); es sollte immer auch Bestandteil einer Stunde sein, aber ebenso wichtig ist die Erfahrung von Ruhe und etwas „mit sich machen zu lassen“.

1. Einleitung

In der ergotherapeutischen Praxis geht es oft darum, ein von Reizüberflutung freies Feld zu schaffen. Wir suchen nach Tätigkeiten und Situationen, die ihre therapeutische Wirkung entfalten, wenn sie gezielt einsetzbare (für den Therapeuten) und kontrollierbare (für das Kind) Sinneseindrücke bzw. Sinnesverbindungen bieten (Sensorische Integration).

Das hier vorliegende Programm basiert auf dem wahrscheinlich uralten Kinderspiel, sich Figuren auf den Rücken zu fahren und diese dann zu erkennen. Im Vorschulalter waren es Formen wie Mond und Sonne, mit der Kenntnis von Buchstaben waren es Wörter oder ganze Sätze.

Die Figuren aus dem Arbeitsheft enthalten alle räumlichen Eigenschaften, die auch Buchstaben aufweisen. Sie können somit als Ersatzformen von Buchstaben und Zahlen gesehen werden. Auf Seite 37 des Arbeitsheftes kann die linke Figur der oberen Zeile als Baustein für ein K dienen. Die linke Figur der unteren Zeile als Baustein für ein D.
Es sind absichtlich Formen gewählt, die möglichst wenig Ähnlichkeit mit Buchstaben haben, und auch sonst nicht mit Bedeutungen behaftet sind, denn das könnte Kinder von der eigentlichen Aufgabe (taktil-visuelle Erkennungsleistung) ablenken. Die Fähigkeiten zur visuellen und taktilen Differenzierung lassen sich hier ebenso gut trainieren.

Die rein visuelle Figur wird hier kombiniert mit ihrer taktilen Entsprechung auf dem Körper des Kindes. D.h. was rein visuell noch nicht erfaßt werden kann, braucht taktile Unterstützung, denn:

> Aus einer Vielzahl von Reizen *„können taktil-kinästhetische Reize in der Ontogenese früher interpretiert werden, d.h. aus der Reizfülle selektiert werden als beispielsweise rein visuelle Reize.“* (Brand / Breitenbach / Maisel 1997, 61)
> Es wird also auch hier vom **Nahsinn** (Taktilität) zum **Fernsinn** (visuelle Wahrnehmung) gearbeitet.

2. Zielgruppe

Dieses Programm ist gedacht für alle Kinder, die

1. über ungenügende Wahrnehmungsfähigeit bezüglich der Raum-Lage verfügen,
2. an einem Aufmerksamkeits-Defizit-Syndrom leiden,
3. als hyperaktiv bezeichnet werden,
4. bei denen eine Kombination der zuvor beschriebenen Störungen vorliegt.

Das Programm kann keinesfalls alleine zur Behandlung der beschriebenen Störungsbilder dienen. Es soll verstanden werden als **Ergänzung** der bisherigen therapeutischen Methoden.

2.1 Fallbeispiele

a) A. 5,8 Jahre, ist seit etwa sechs Wochen bei mir in Behandlung. Der Kinderarzt stellt im Rahmen der U 9 Probleme beim Nachzeichnen von Formen fest. Nachdem die motorischen Funktionen ohne Befund sind, diagnostiziert der Arzt eine Störung der räumlichen Wahrnehmung und schickt das Kind zur Ergotherapie. Der Mutter und den Erzieherinnen im Kindergarten fällt schon längere Zeit auf, daß die Händigkeit des Jungen noch nicht eindeutig vorhanden ist. Zwar bevorzugt A. die rechte Hand, verwendet die linke aber auch noch für die gleichen Tätigkeiten. Des weiteren hat er sehr wenig Motivation bei handwerklichen Tätigkeiten. Er muß immer wieder zum Mitmachen angehalten werden und verweigert manchmal völlig.
Die Buchstaben seines Namens kann er sich zwar merken und nach der Reihe schreiben, schreibt sie aber oft seitenverkehrt oder in Spiegelschrift.

A. ist als Baby nicht gekrabbelt. Ich arbeite mit ihm hauptsächlich nach dem Konzept der Sensorischen Integration, und hier mit taktilen und propriozeptiven Spielen. Übungen zur Körperkoordination sind ebenfalls darin enthalten.
A. ist neuen Dingen gegenüber skeptisch und läßt sich wohl nur durch Vertrauen zu mir auf manches Neue ein. Obwohl er um seine Schwäche weiß, stellt er sich immer wieder mit hoher Frustrationstoleranz den Anforderungen und entwikkelt mit der Zeit Spaß daran, Neues kennenzulernen und einfach auszuprobieren. Das Programm „Spuren auf der Haut“ ist unser ständiger Begleiter in dieser Zeit. Er wird zunehmend sicherer in der Gestaltung seiner Umwelt und gewinnt so an Selbstvertrauen. Dies läßt ihn mit mehr Mut an Neues herangehen. Das macht sich auch im Kindergarten bemerkbar.
Nach etwa drei Monaten schreibt er seinen Namen sehr sicher und versucht sich selbst am Schreiben neuer Buchstaben.

b) B. 6,7 Jahre muß die erste Klasse wiederholen, weil er am Ende des Schuljahres manche Buchstaben noch immer verkehrt und fast unleserlich schreibt. Die Lehrerin gibt der Mutter den Tip mit der Ergotherapie. Der Junge kommt mit einer ablehnenden Haltung und genervtem Blick zum Erstgespräch in die Praxis. Nach fünf Minuten fragt er, ob er jetzt wieder gehen könne. Währenddessen strengt sich die Mutter mächtig an, um mit ihrem Sohn bei mir einen guten Eindruck zu hinterlassen.

In der ersten Therapieeinheit, eine Woche später, taut er langsam auf als er merkt, daß Spiele zur räumlichen Wahrnehmung und zu Körperwahrnehmung Spaß machen. Sonst ein sportlich-aktives Kind kann er sich auf die „Spuren auf der Haut" gut einlassen und für etwa 15 Minuten richtig entspannen. Das Programm wird zum festen Bestandteil der Stunden. B. kann die taktilen Reize gut integrieren und wird dabei sehr ruhig und konzentriert. Aus diesem Grund arbeiten wir mit den unterschiedlichsten Settings, um möglichst viele Wahrnehmungsmodalitäten anzusprechen.
Nach ein paar Wochen kommen die ersten positiven Reaktionen seitens der Lehrerin und der Mutter. Es ginge leichter mit den Hausaufgaben und er wäre allgemein konzentrierter. Besonders aber würde man seine Buchstaben zum erstenmal als solche entziffern können.
B. besucht nun mit mittlerem Erfolg die zweite Klasse der Grundschule, geht gerne dorthin und macht einen ausgeglichenen Gesamteindruck.

c) C. 4,5 Jahre ist ständig in Bewegung, kann auf einem Stuhl nicht ruhig sitzen, fordert ständige Aufmerksamkeit und redet fast pausenlos. Nach einer Therapieeinheit bin ich mit meinen Nerven am Ende und bewundere die Mutter sehr für ihre Gelassenheit. Ruhige Phasen erreiche ich anfangs nur mit der Erbsenkiste und einem sehr reizarmen Spielzimmer.

C. hat eine offene freundliche Art, die einen schnellen Beziehungsaufbau ermöglicht und so auch die „Spuren auf der Haut“ zuläßt. C. ist so begeistert von dem neuen Spiel, daß er schon am Anfang der Stunde danach fragt und selbst die Seiten umblättert. Anfangs arbeite ich mit ihm nur auf dem Bauch liegend. Mit der Zeit ist es möglich, bis zu 20 Minuten ruhig und fast ohne Bewegung dazuliegen. Danach muß er sich zwar erst einmal austoben, wirkt aber dabei nicht mehr so unter Spannung wie zuvor und irgendwie geordneter. Nach einem halben Jahr ist es möglich, auch andere Settings auszuprobieren, da er auch länger ruhig auf einem Stuhl sitzen und sich auf eine Sache konzentrieren kann. Nach einem Jahr kann C. sich, auf dem Stuhl ruhig sitzend, einer Tätigkeit von etwa 30 Minuten widmen. Er redet noch immer sehr viel, aber nicht mehr pausenlos; er ist emotional gelöster und braucht keine ständige Aufmerksamkeit mehr.

Ich sehe den Behandlungserfolg in allen drei Fällen auf einer Kombination von Elterngesprächen und dem Konzept der „Sensorischen Integration“ begründet. Die „Spuren auf der Haut“ waren aber ein so wichtiger Bestandteil in meinem therapeutischen Konzept, daß ich es für sinnvoll, ja sogar für wichtig halte, dieses Programm an andere Menschen weiterzugeben, die ebenfalls mit Kindern arbeiten und die ähnliche Schwierigkeiten haben.

3. Anwendung

3.1 Zeitaufwand

Für eine Durchführung werden je nach

1. Motivation des Kindes,
2. Ausdauer des Kindes und
5. gewähltem Setting (siehe hinten) 10 bis 20 Minuten benötigt.

3.2 Material

- eine Matratze mit mindestens 15 cm Dicke (damit genügend Abstand zum Blatt bleibt).
- das Arbeitsheft

3.3 Vorbereitung

Bevor Sie sich mit dem Heft in die Praxis begeben, lassen Sie sich einige Beispiele von Dritten auf den Rücken „malen“. Durch eigene Erfahrung lernt man sehr schnell die unterschiedlichen Modalitäten einzuschätzen und weiß worauf es ankommt.

Für den therapeutischen Einsatz sollten Sie schon etwas in Übung sein und bei der Durchführung auf folgendes achten.

3.4 Durchführung

Die Figuren aus dem Arbeitsheft werden mit dem Zeigefinger auf den Rücken des Kindes gemalt, welches die gemalte Figur auf dem Blatt des Arbeitsheftes wiedererkennen soll. Dies ist zu beachten:

- gleichmäßiger Druck beim Malen der Figuren
- gleichmäßige Geschwindigkeit in der Figur (beim Malen eines Kreises nicht schneller oder langsamer werden)
- und unter den Figuren (einen Kreis in der gleichen Geschwindigkeit malen wie ein Rechteck)
- lieber langsamer als zu schnell fahren.

Beginnen Sie bei allen Figuren, die es erlauben, links oben, bei anderen entweder links oder oben, und behalten Sie den Uhrzeigersinn bei, soweit dies möglich ist.
Diese Regelmäßigkeiten sind in unserer Kultur verankert und sollen nicht nur hier dem Kind eine verläßliche Struktur geben, sondern auch hinführen auf das Schreiben von Zahlen und Buchstaben, die mehrheitlich ebenfalls diesen Regeln unterliegen.

Das Kind legt sich bäuchlings so an den oberen Rand der Matratze, daß ein Blick auf den Boden möglich ist. Die Hände liegen am besten unter dem Kinn.

> Die Begrenzung des Blickfeldes schützt vor evtl. ablenkenden visuellen Reizen.
> Außerdem ist *„die dauernde taktile Reizinformation ... von großer Bedeutung, um das Gehirn in einem wohlgeordneten Zustand zu erhalten“* (Ayres, 1984, 137).

Der Therapeut kniet neben dem Kind auf der Matratze und fährt die Formen mit dem Zeigefinger auf dem Rücken des Kindes der Vorlage entsprechend nach.

Idealerweise würde das auf nackter Haut geschehen und wenn die Temperaturen und die Beziehung zum Kind es zulassen sollte man dies tun. Meine Erfahrung zeigt aber, daß selbst bei zwei dünneren Kleidungsstücken noch fast ebensogute Ergebnisse erzielt werden.
Man beginnt auf dem ersten Blatt (S. 22) z.B. mit dem Punkt. Das Kind soll nun auf die erkannte Figur deuten.
Wird sie nicht erkannt, wird sie wiederholt.

Die meisten Kinder raten sehr schnell, wenn sie etwas nicht sofort erkannt haben und deuten von einer Figur zur nächsten. In diesem Fall soll dieselbe Figur so oft wiederholt werden bis sie erkannt wurde. So muß das Kind seine vermeintliche Spürinformation noch einmal einer Prüfung unterziehen und verbale Interaktionen werden vermieden.
Manche Kinder sind überfordert durch die Gleichzeitigkeit von visuellem und taktilem Reiz. Besonders bei den Blättern mit sehr vielen Zeichen kommt beim Kind leicht Verwirrung auf, da der taktile Reiz schon interpretiert wird bevor die Figur zu Ende gemalt ist, bzw sich das Kind nur ungenügend auf die Spürinformation am Rücken konzentrieren kann, wenn ein Blatt mit vielen unbekannten, seltsamen Formen vor ihm liegt. In diesem Fall wird das entsprechende Blatt zur besseren Stukturierung erst nach gemalter Figur vorgelegt bzw. ein Deckblatt weggenommen.

3.5 Verschiedene Settings am Körper

Alle folgenden Settings beinhalten immer auch ein „Ruhiger-werden“ des Kindes. Sie können auch bei intakter sensorischer Integration als Möglichkeit gesehen werden, bei hyperaktiven Kindern oder Kindern mit AD-Syndrom (Aufmerksamkeits-Defizit-Syndrom) längere Zeit Ruhe und Konzentration mit wenigen Reizen zu erreichen.

1. Man beginnt auf Seite 22 bei den Arbeitsblättern und „malt“ von jedem Blatt nur eine Figur auf den Rücken des Kindes.
   Förderung
   - der Raum – Lage – Wahrnehmung,
   - der Fähigkeit zur visuellen und taktilen Differenzierung,
   - von Konzentration und Aufmerksamkeit,
   - des Überblicks über das Blatt.

Hier wird außerdem der Leistungsstand (siehe 2.) des Kindes bezüglich Raum – Lage – Wahrnehmung, visueller Differenzierungsfähigkeit und Überblick deutlich.

2. Man beginnt bei dem Blatt, auf dem das Kind eine gefahrene Figur gerade noch erkannt hat (im folgenden als Leistungsstand des Kindes bezeichnet), malt eine weitere Figur des Blattes und läßt sie vom Kind bestimmen. Dies geschieht solange bis alle Figuren des Blattes erkannt wurden.
   Förderung – der Raum – Lage – Wahrnehmung,
   – der visuellen und taktilen Differenzierung (Diskriminationsfähigkeit),
   – von Konzentration und Aufmerksamkeit,
   – des Überblicks.

   Hat ein Kind ab einer bestimmten Seite Schwierigkeiten, die gemalte Figur zu erkennen, werden die Figuren auf den vorhergehenden Seiten noch einmal auf verschiedenste Arten gemalt.

3. Man malt zwei Figuren bei vorliegendem Blatt. Das Kind soll sich beide merken und nach Beendigung der zweiten auf die betreffenden Figuren deuten. Wurde auch nur eine der beiden Figuren nicht erkannt, werden beide noch einmal in der gleichen Reihenfolge wiederholt. Die Übung läßt sich auch auf drei oder mehr zu merkende Figuren ausweiten.(Man bedenke: Mit zunehmender Seitenzahl unterscheiden sich die Figuren immer weniger voneinander, somit wird es immer schwieriger, sich die Formen zu merken.)
   Förderung – der Merkfähigkeit
   – (wie unter 2.)

4. Man malt eine, zwei oder mehrere Figuren bei verdecktem Blatt, nimmt dann das Deckblatt ab, und läßt jetzt die Figuren deuten. Die taktil wahrgenommene Form muß über längere Zeit gespeichert bleiben, was noch höhere Anforderungen an Ausdauer, Konzentration und Merkfähigkeit bietet.

5. Eine bestimmte Figur wird auf verschiedene Körperteile gemalt. Der Therapeut malt zwischendurch eine andere Figur. Nimmt das Kind die andere Figur wahr, soll es STOP sagen.

Förderung – des Körperschemas
– der taktilen Differenzierung
– von Konzentration und Aufmerksamkeit

Man beachte, die Figuren auf den unterschiedlichen Körperteilen in immer der gleichen Lage zur Körpermitte des Kindes zu malen. Das Kind hat so eine feste Bezugslinie.
Wenn möglich, sollte auch hier das Kind liegen, um die entspannende Haltung und die Ausschaltung von evtl. ablenkenden visuellen Reizen zu gewährleisten. Um aber an die verschiedensten Körperteile zu gelangen, ist Sitzen oder Stehen oft naheliegender.

3.6 Aktive Settings (vom Körper weg)

Die folgenden Beispiele eignen sich eher für Kinder mit reinen Raum – Lage Problemen und weniger gut um ein „Ruhiger werden“ zu erreichen. Sie können aber trotzdem mit nur wenig mehr Sprachaufwand durchgeführt werden.

1. Malen auf senkrechte Flächen

Das Kind sitzt so auf einem Hocker vor einer Tafel (man kann auch ein großes Blatt Papier an die Wand hängen), daß es bequem auf dieser zeichnen kann. Das Kind soll nun die auf dem Rücken gespürte Figur versuchen zu zeichnen.
Zunächst sollte das bei vorliegendem Blatt geschehen, damit das Kind Sicherheit erwirbt, Unterschiede der Figuren auch zeichnerisch darzustellen. ACHTUNG: Der Blick des Kindes auf das Blatt muß etwa 90° betragen, um Parallaxenfehler zu vermeiden!
Später soll das Kind nur die taktil wahrgenommene Figur mit der Kreide an die Tafel malen. Die Aufmerksamkeit richtet sich somit mehr auf den taktilen Reiz und wird so der Intention dieser Übung gerechter.
Hat das Kind die Figur nicht erkannt, wird sie so oft wiederholt bis die Interpretation von Wahrnehmung und Ausführung identisch ist.

2. Figuren legen mit Knetmasse

Ablauf wie zuvor, nur sitzt das Kind an einem Tisch und formt die wahrgenommene Figur aus einer Rolle Knetmasse. Die Figur kann hier dreidimensional erfaßt (angefaßt) werden.

3.7 Schwierigkeitsstufen

Die Konzeption dieses Programms beinhaltet schon mit fortlaufender Seitenzahl einen Anstieg der Schwierigkeit durch die steigende Anzahl der Figuren auf einer Seite.

Aber auch auf jedem einzelnen Blatt ab Seite 23, befinden sich Figuren mit unterschiedlichen Ansprüchen an die visuelle Differenzierungsfähigkeit, wie z.B. auf Seite 30:
Hier sind drei eckige und drei runde Figuren. Malt man nun das Quadrat in Kombination mit der leichten Schlangenlinie, so wird das Kind diese leichter voneinander unterscheiden können, als wenn es das Quadrat und das Rechteck taktil zu unterscheiden hat.
Unterscheidungskriterien sind auf dieser Seite nicht nur „rund“ und „eckig“, sondern auch „offen“ und „geschlossen“, denn die runden Formen sind auch alle offen, die eckigen aber, bis auf eine, alle geschlossen.

Weitere Möglichkeiten:

1. Anzahl der gefahrenen Figuren bevor man das Blatt vorlegt (siehe Settings).
2. Druck beim Fahren der Figuren.
3. Geschwindigkeit beim Fahren der Figuren.

Langsames Herantasten an den Leistungsstand des Kindes (wie in Punkt 1 bei den Settings beschrieben), empfiehlt sich in jedem Fall.

4. Förderung

„Spuren auf der Haut“ bietet eine Vielzahl von Fördermöglichkeiten, wenn man die unterschiedlichen Settings bei der Durchführung richtig einsetzt.

- **Taktil – Kinästhetische Wahrnehmung**
  - durch das Anbieten von überprüfbaren Stimuli am Körper des Kindes.
- **Wahrnehmung der Raum – Lage**
  - durch die Leistung des Nervensystems, das den taktilen und den
  - visuellen Reiz als der Form nach identisch erkennt.
  - durch komplexer werdende Figuren wird auf dem bereits Bekannten aufgebaut.
- **Konzentration**
  - durch die Verbindung von taktilen und visuellen Reizen.
  - durch den eng begrenzten Bereich von Formen und Figuren.
  - durch vollständige Berührung der ventralen Körperseite.

„Der wiederholte Gebrauch einer Synapse für eine bestimmte sensorische oder motorische Funktion erzeugt ein Nervengedächtnis für diese betreffende Funktion.“ (Ayres 1984, 134) Auf diese Weise kann eine Figur als bekannt bzw. schon einmal wahrgenommen (taktil, visuell) erkannt werden.
Diese Wiedererkennungsleistung des Nervensystems ist unbedingt erforderlich für den sicheren Erwerb schriftsprachlicher Zeichen.

- **Aufmerksamkeit** – durch den ständig ablaufenden Prozeß von Spüren, Sehen und Deuten, der eine klare Struktur bietet.
- **Überblick** – um von allen Figuren auf dem Blatt die richtige zu finden, müssen **alle** zunächst visuell wahrgenommen werden.
- **Fähigkeit zur visuellen Differenzierung (Diskriminationsfähigkeit)** – die immer ähnlicher werdenden Figuren müssen **voneinander unterschieden** werden.
- **Merkfähigkeit** – durch Malen mehrerer Figuren und anschließender Vorlage des Blattes.
- **Körperschema** – durch Malen der Figuren auf verschiedene Körperteile (siehe unten)

> BRAND / BREITENBACH / MAISEL (1985, 160) verstehen unter Körperschema:
> „– Wahrnehmen und Empfinden des eigenen Körpers,
> – Vorstellungen vom eigenen Körper,
> – Wissen um den eigenen Körper,
> – Orientierung am eigenen Körper.“

5. „Spuren auf der Haut“ bei Kindern mit taktiler Abwehr

Durch die Bauchlage ist bereits die ganze ventrale Körperseite taktil eindeutig und gleichbleibend versorgt. Bei vielen Kindern reicht das schon aus, um die Berührung am Rücken gut zu integrieren.
Man muß aber bei jedem Kind neu untersuchen unter welchen Umständen die Reizverarbeitung am besten funktioniert. In diesem Fall können z.B. noch Sandsäckchen auf Beine und Gesäß gelegt werden. Sie eignen sich dafür sehr gut, weil sie sich am Körper anschmiegen und mit gleichmäßig starkem Druck das taktile System versorgen.

> „Durch gleichmäßig festen und tiefen Druck erzeugte Empfindungen helfen, die Berührungsprozesse, die die Ursache für die Mißempfindung darstellen, zu modulieren und auf das richtige Maß abzustimmen. ... Es helfen auch Tastempfindungen, *die von allen Abschnitten des Körpers stammen, den Zustrom aller speziellen taktilen Reizeinwirkungen auszugleichen.“* (AYRES, 1984, 157)

Durch Anzahl und Differenzierungsgrad der gemalten Formen lassen sich Aufgaben und Spiele in allen Schwierigkeitsstufen erstellen. Der Anwender des Arbeitsheftes kann innerhalb des vorgegebenen Rahmens „Spuren auf der Haut“ weitere Möglichkeiten entwickeln, die ihm selbst und seinem therapeutischen Stil am meisten entsprechen.

Literatur:

Ayres, A. Jean: Bausteine der kindlichen Entwicklung. Berlin – Heidelberg 1984

Brand / Breitenbach / Meisel: Integrationsstörungen. Würzburg, 1985

An dieser Stelle möchte ich allen herzlich danken, die mich bei der Realisation des Programms „Spuren auf der Haut“ unterstützt haben:

Balthasar Alletsee; Wolfgang Böhnlein, Monika Hahn, Antje Riedmann und Ludwig Schenk!!!

Arbeitsblätter

Arbeitsblätter

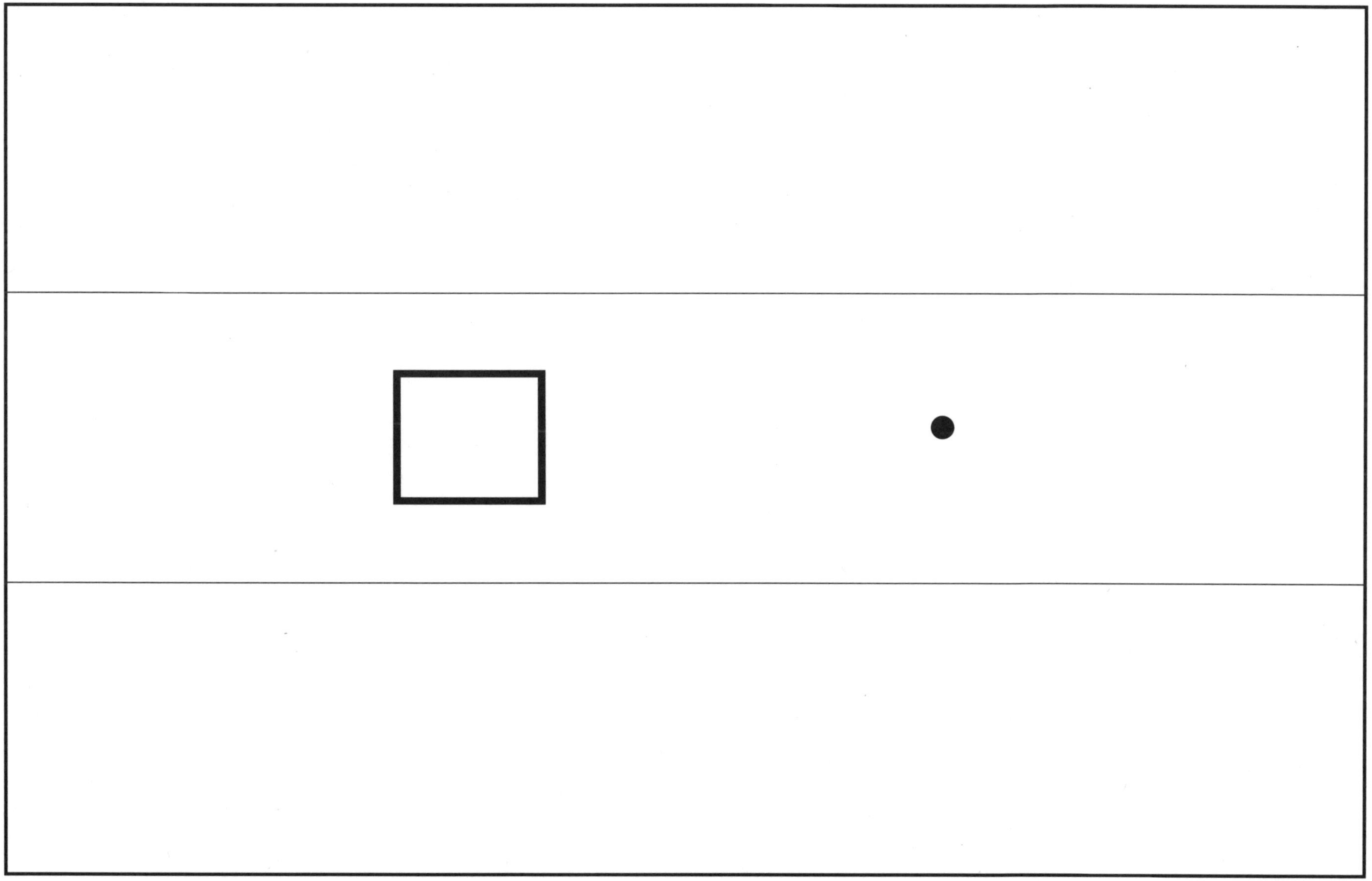

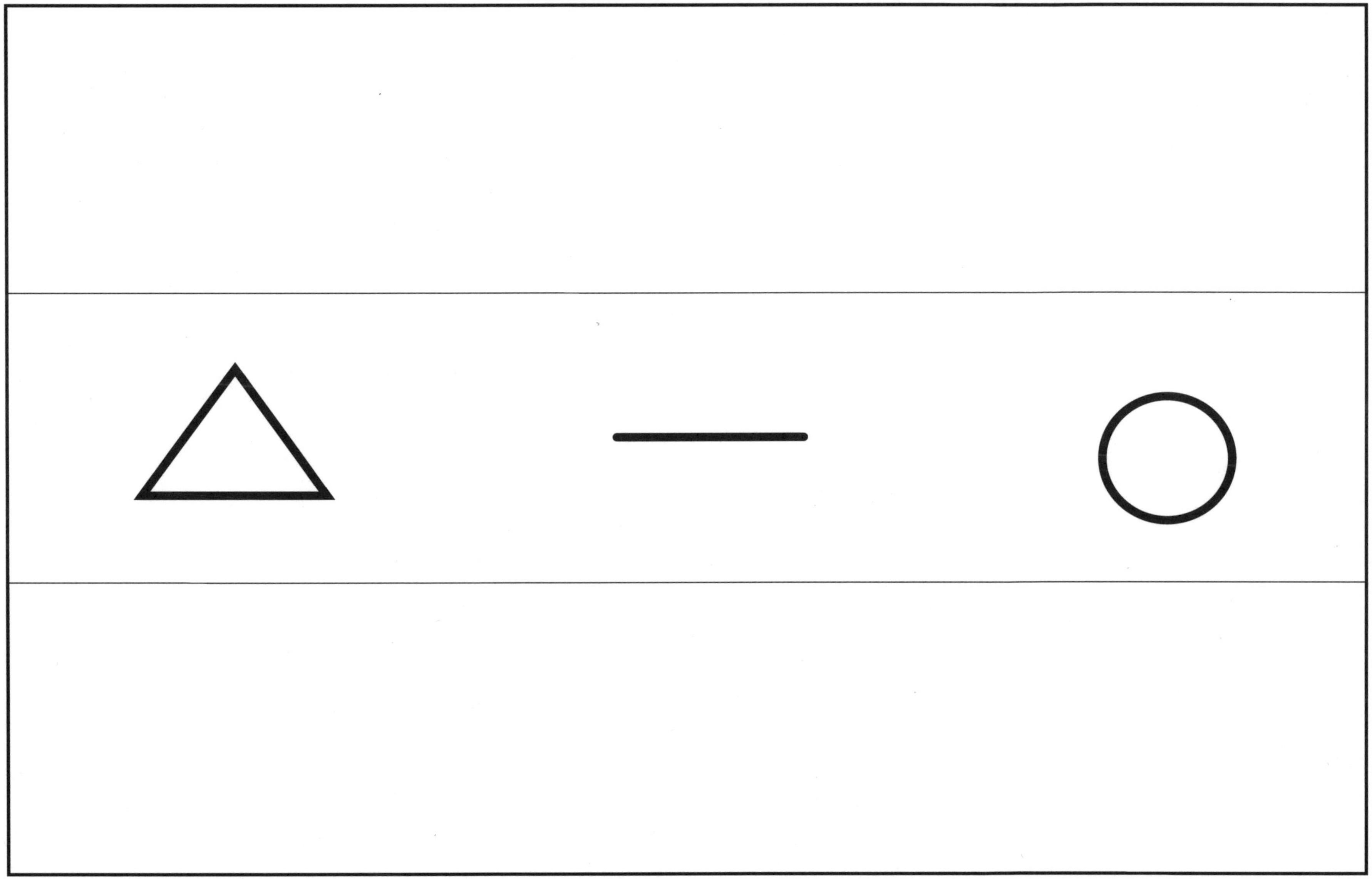

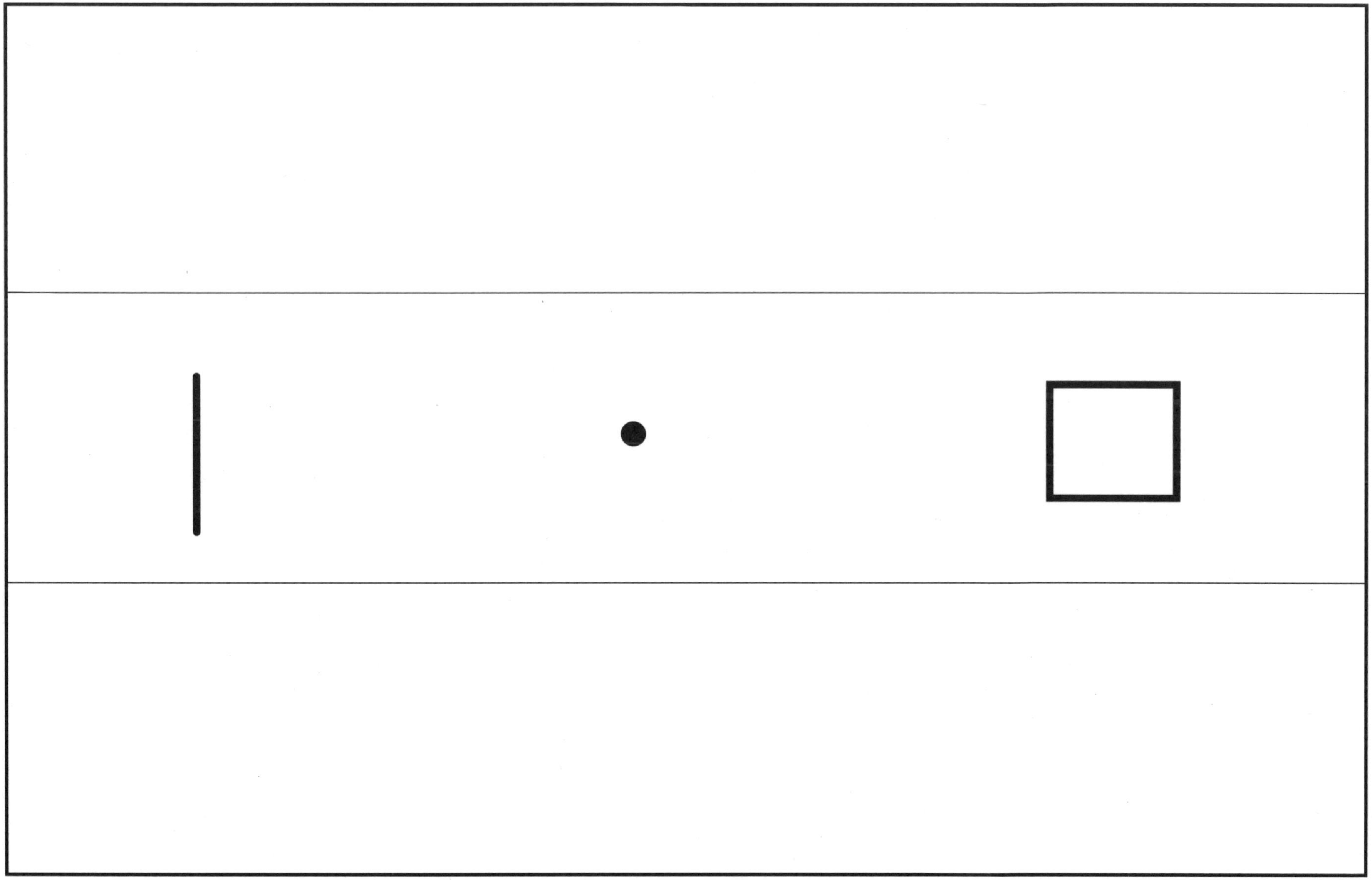

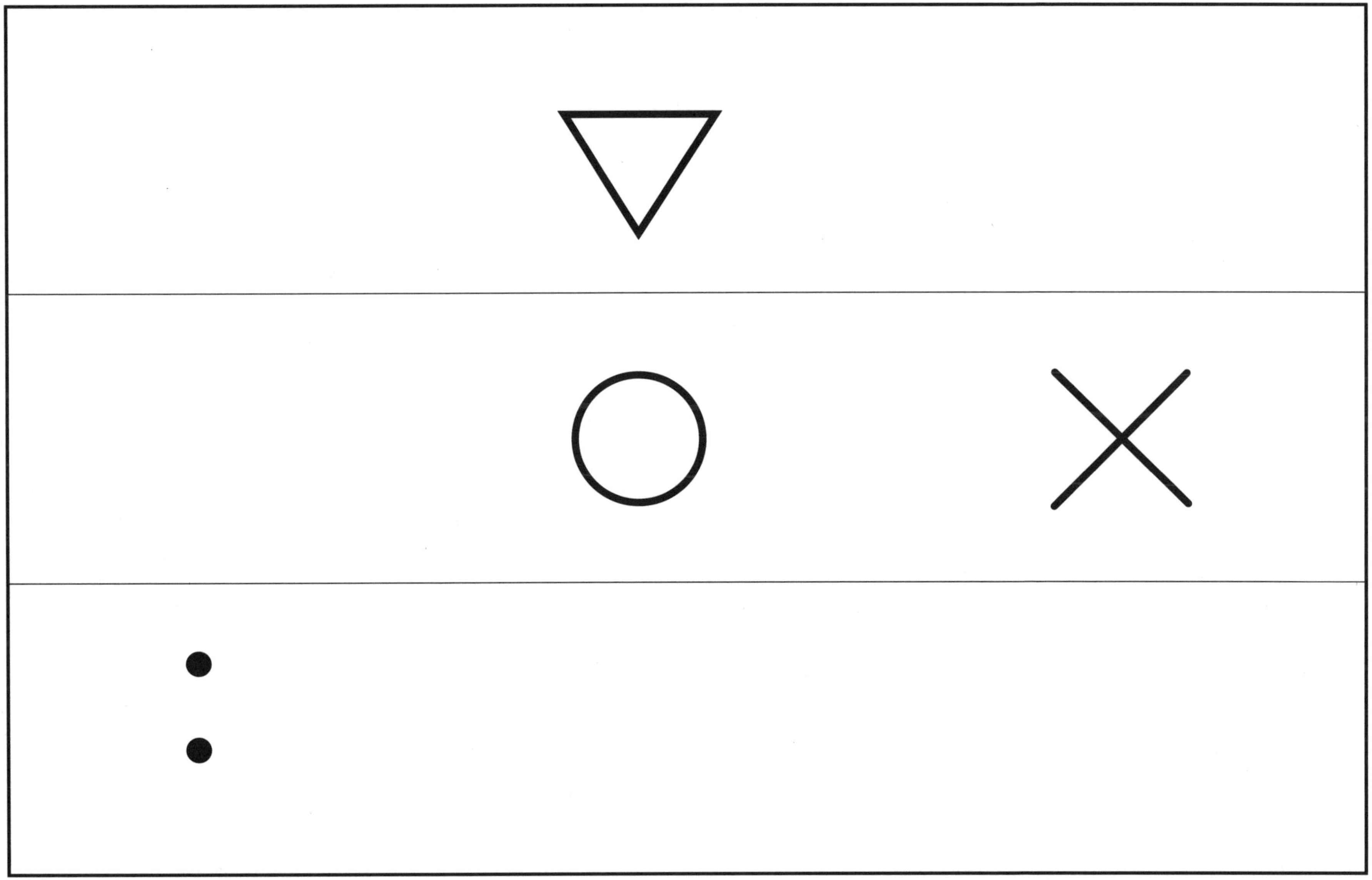

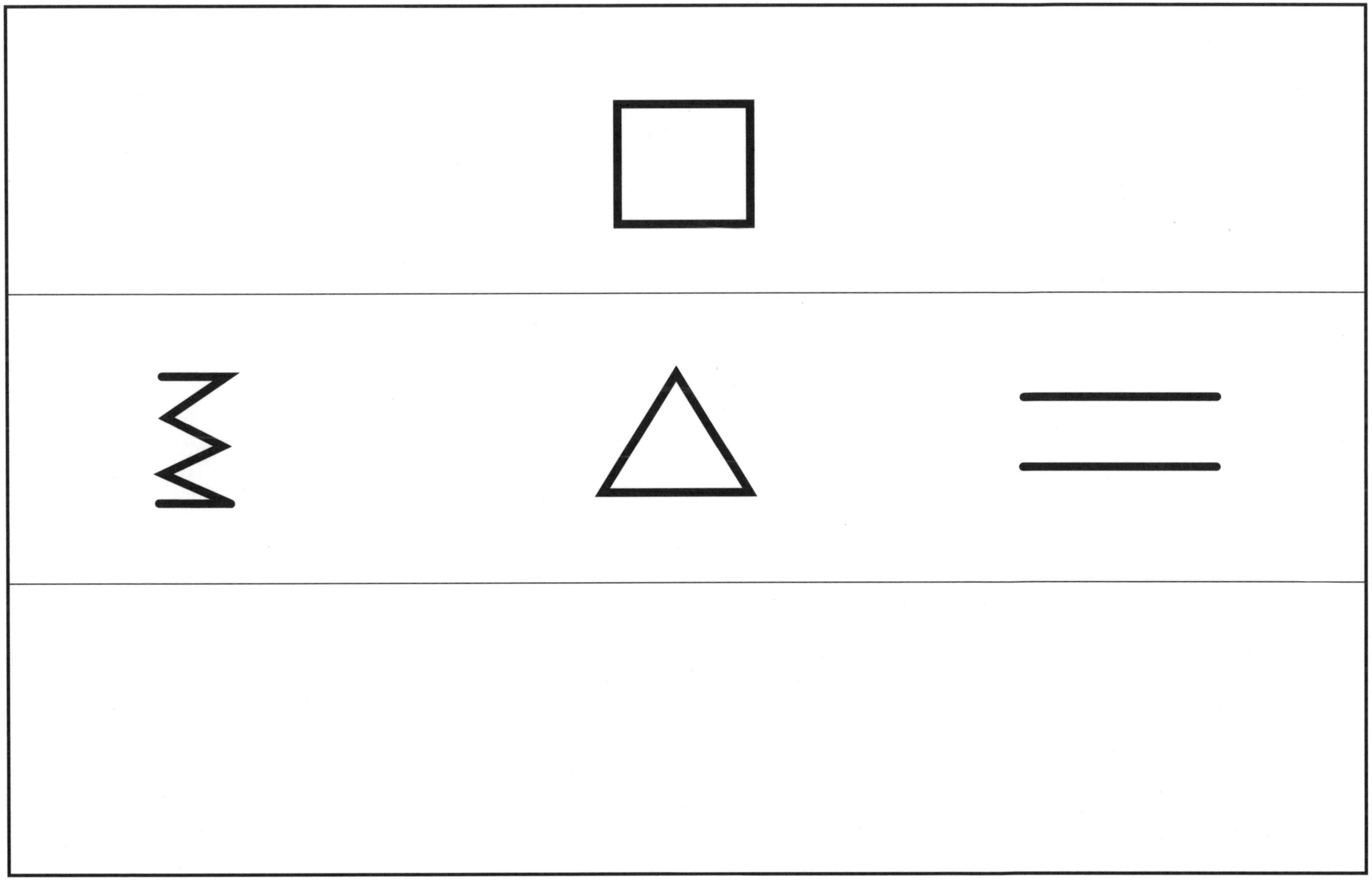

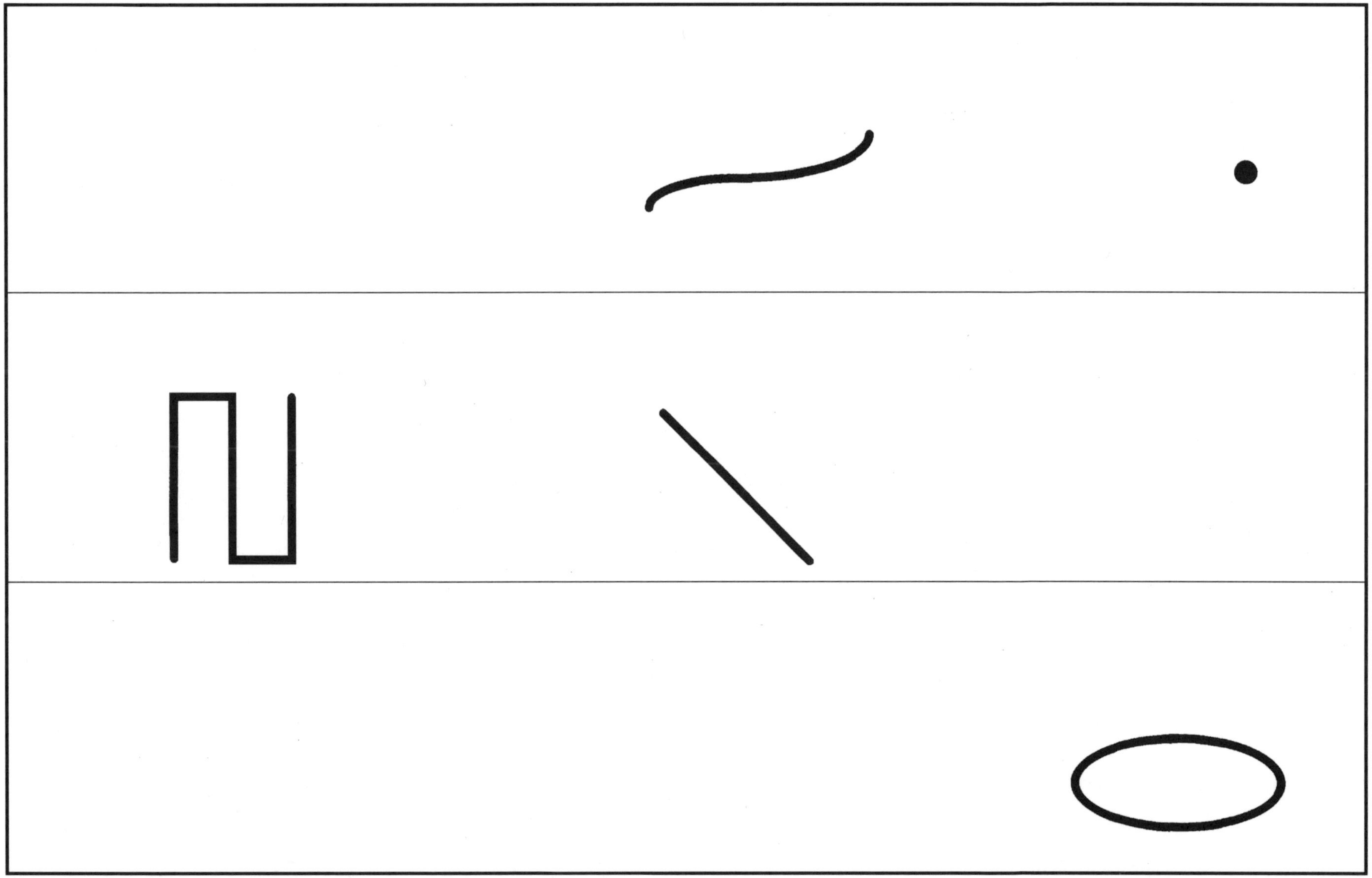

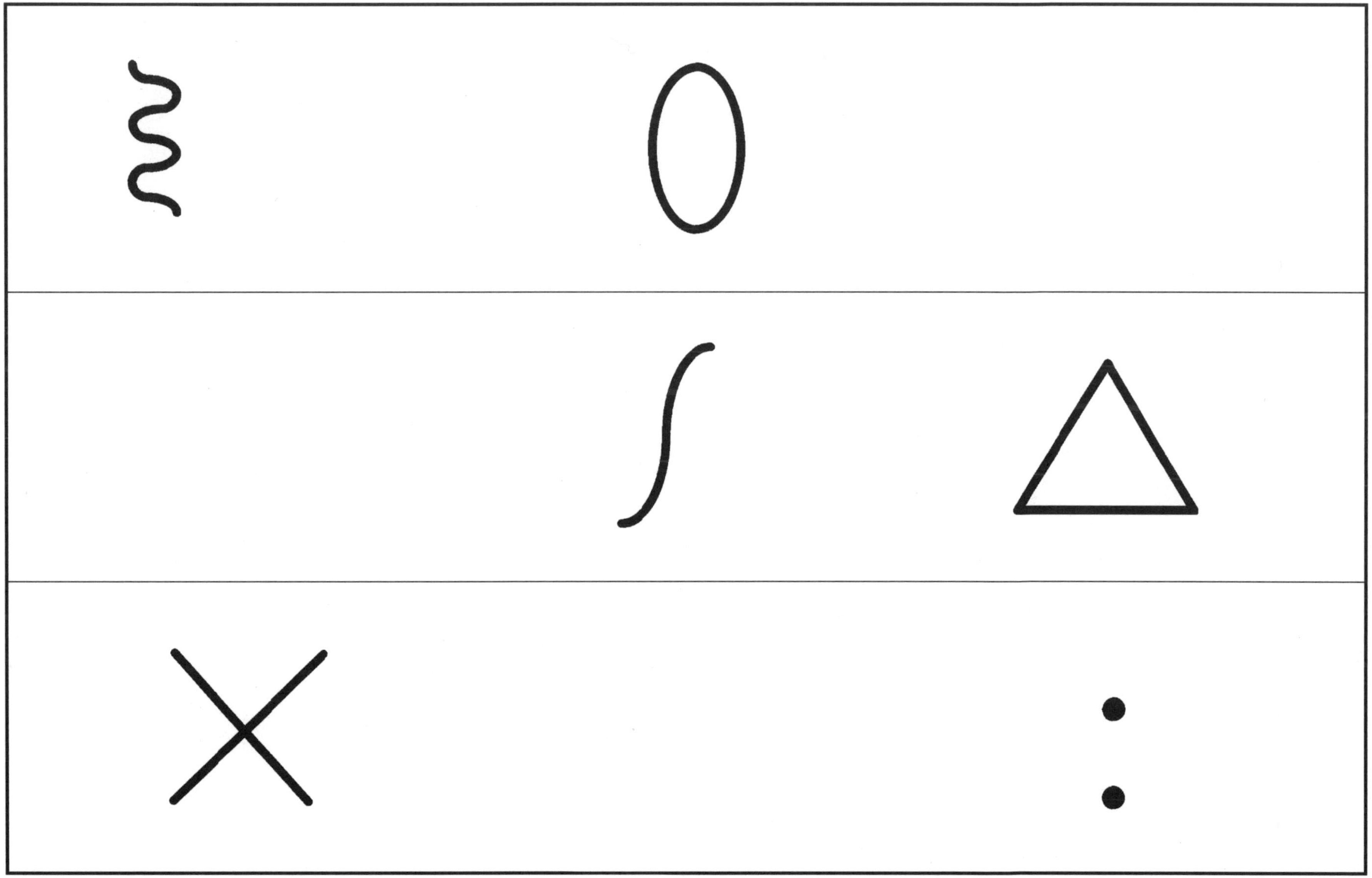

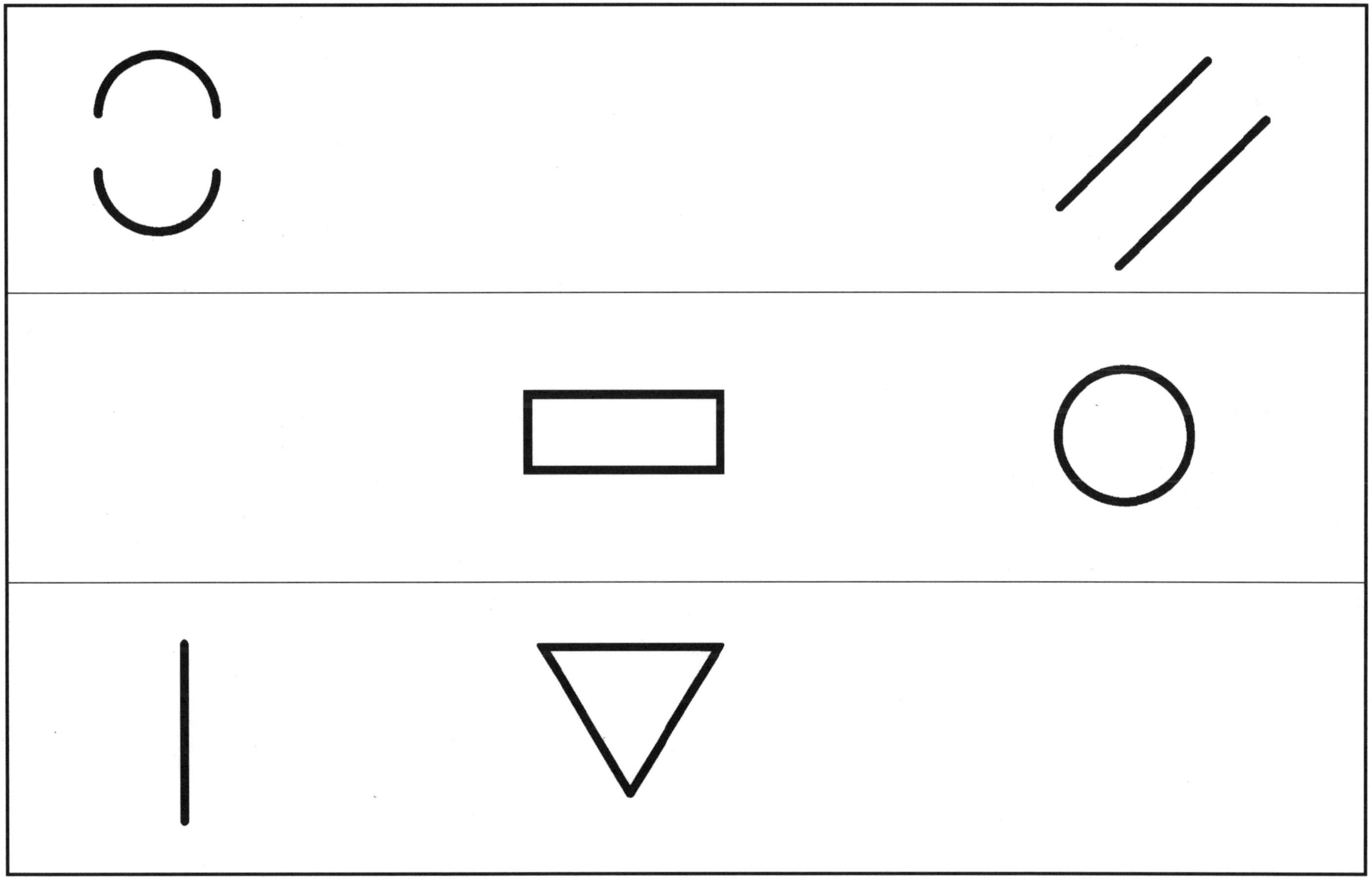

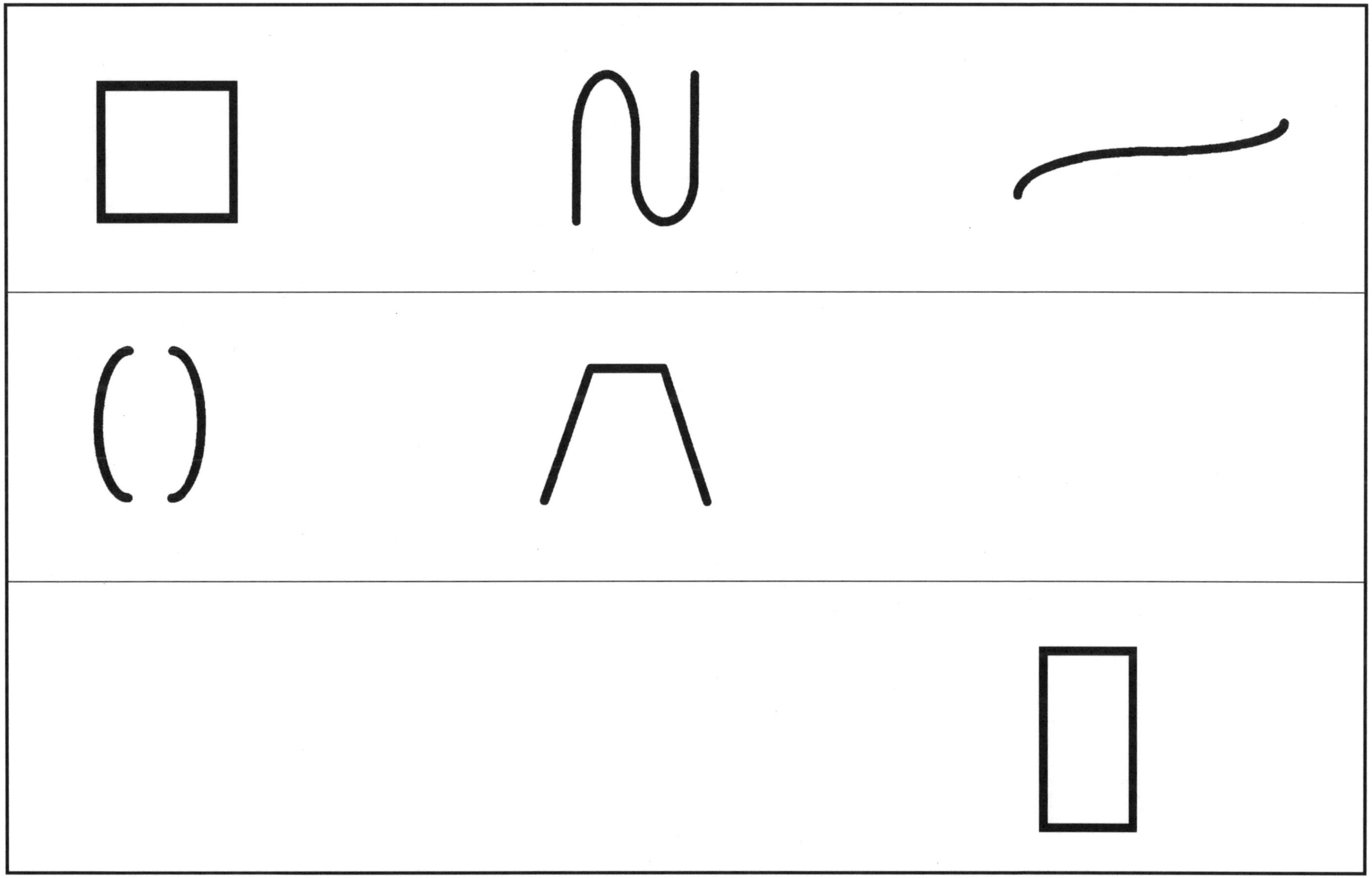

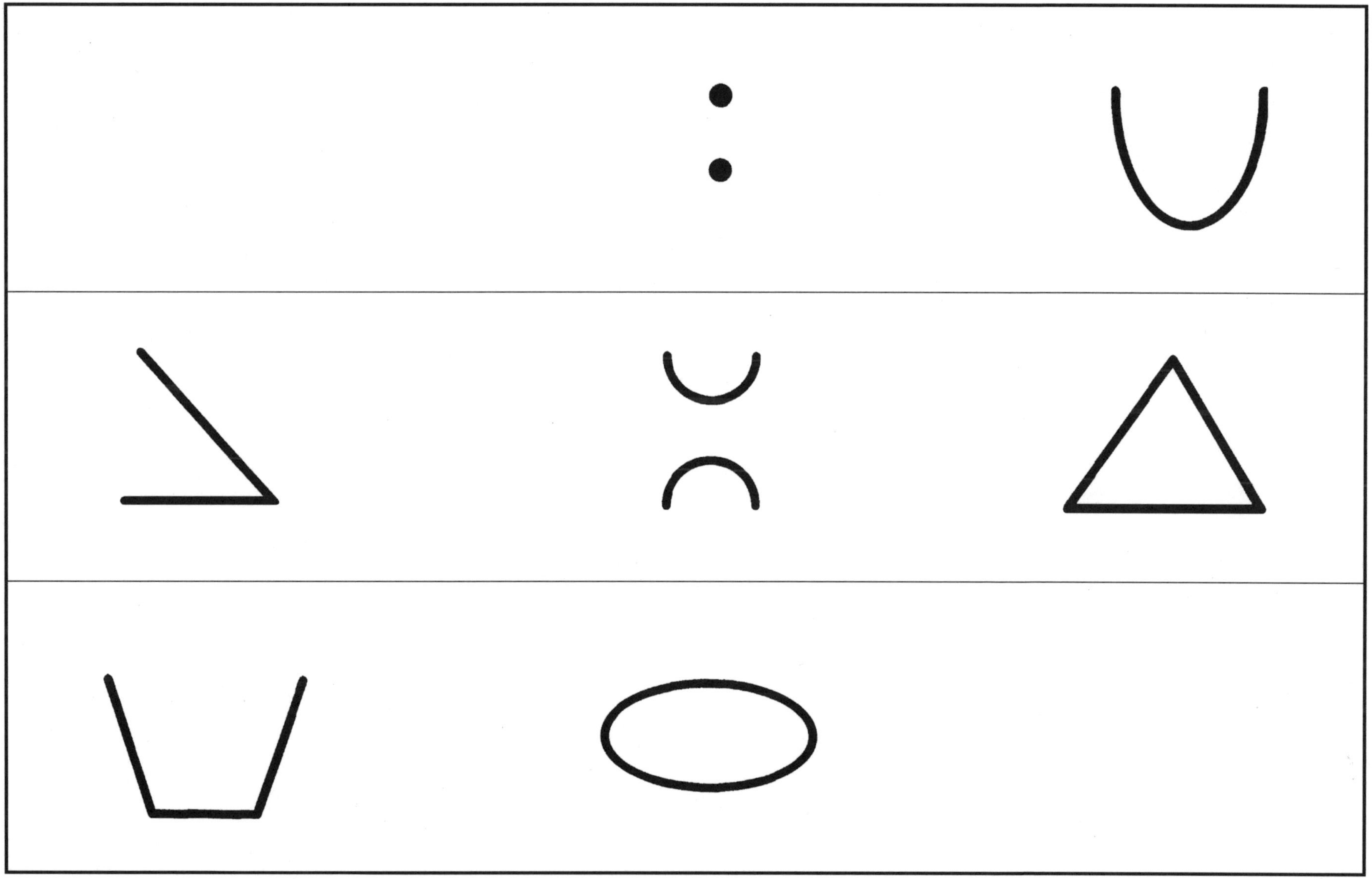

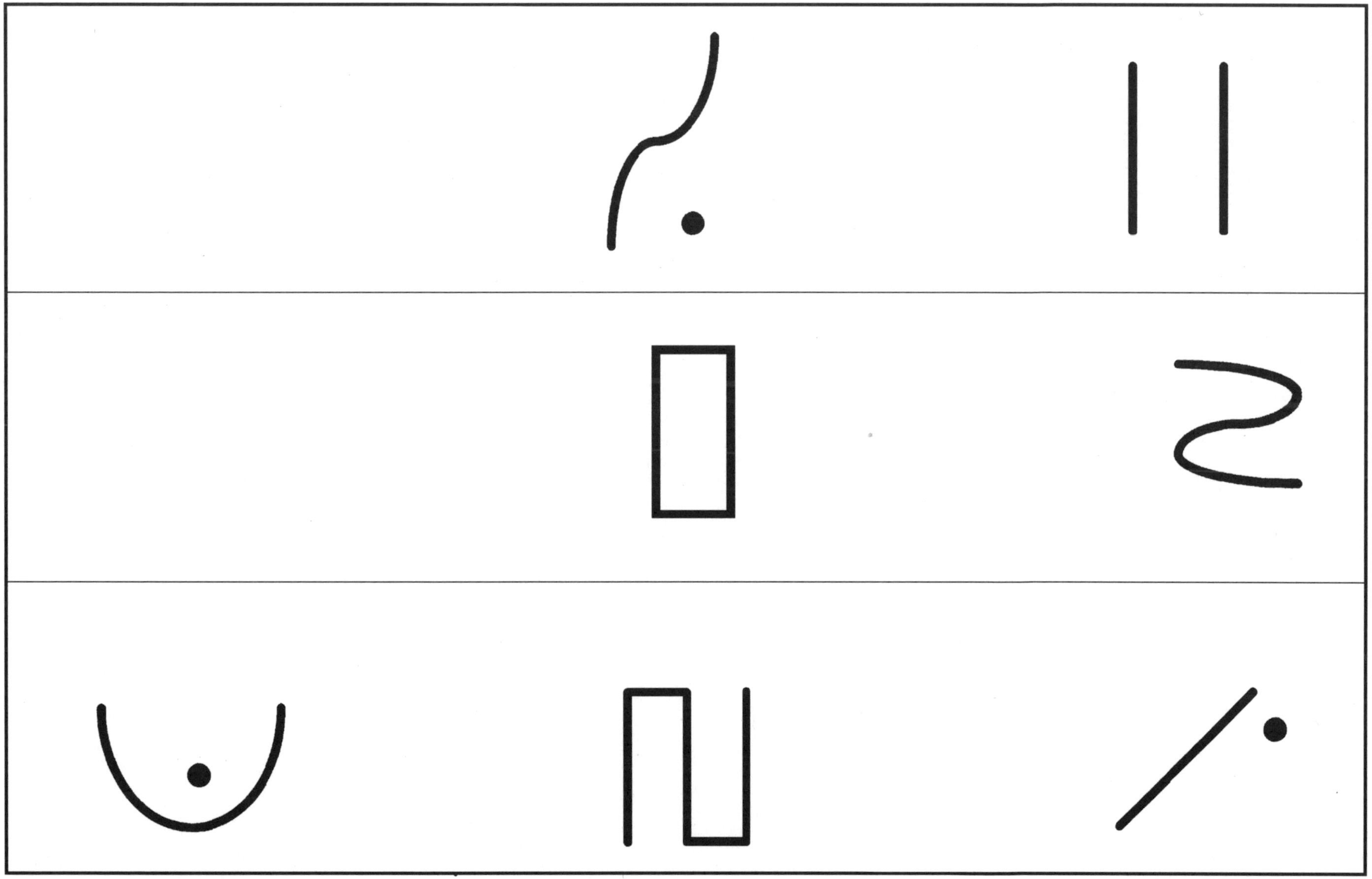

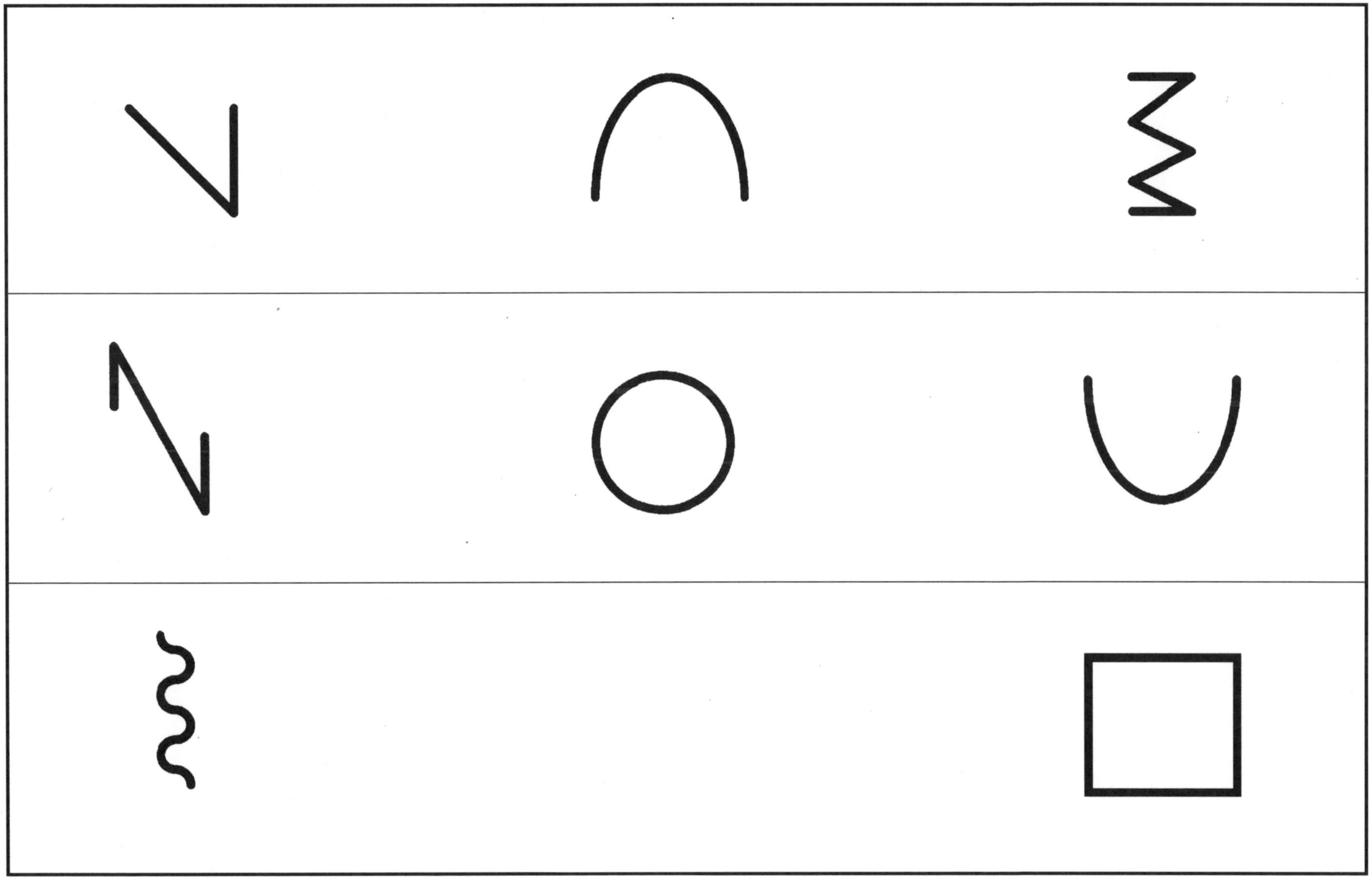

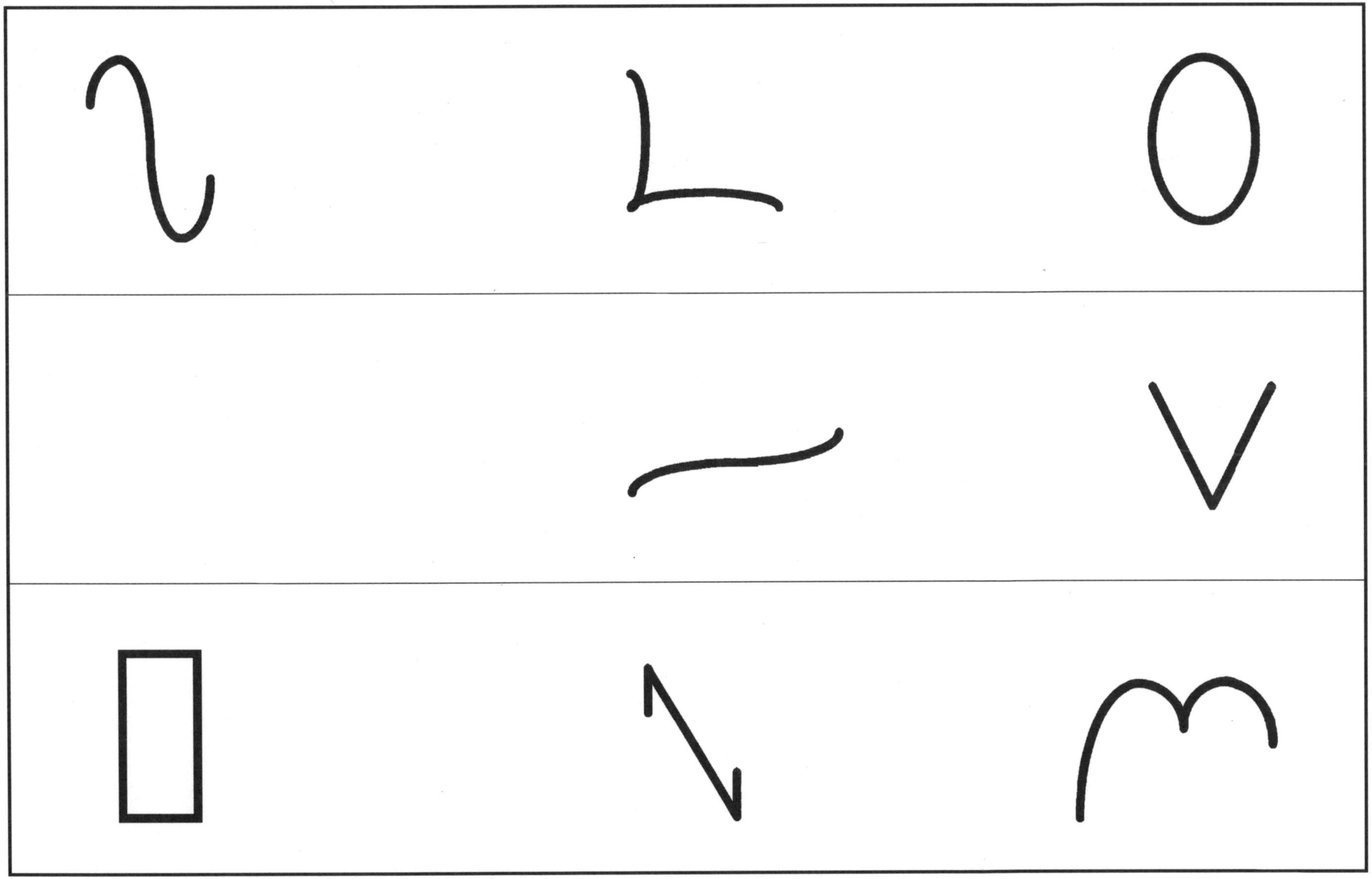

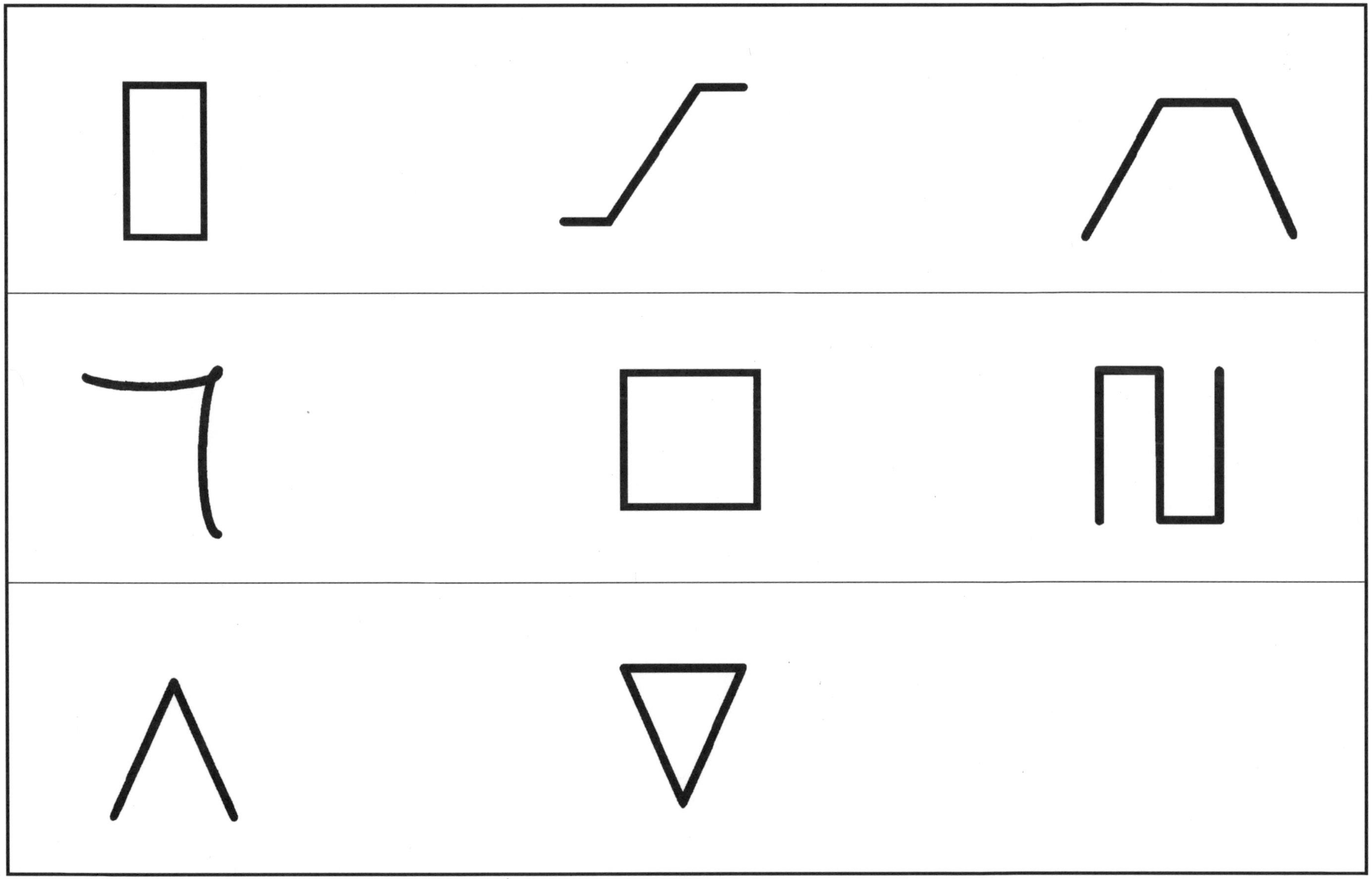

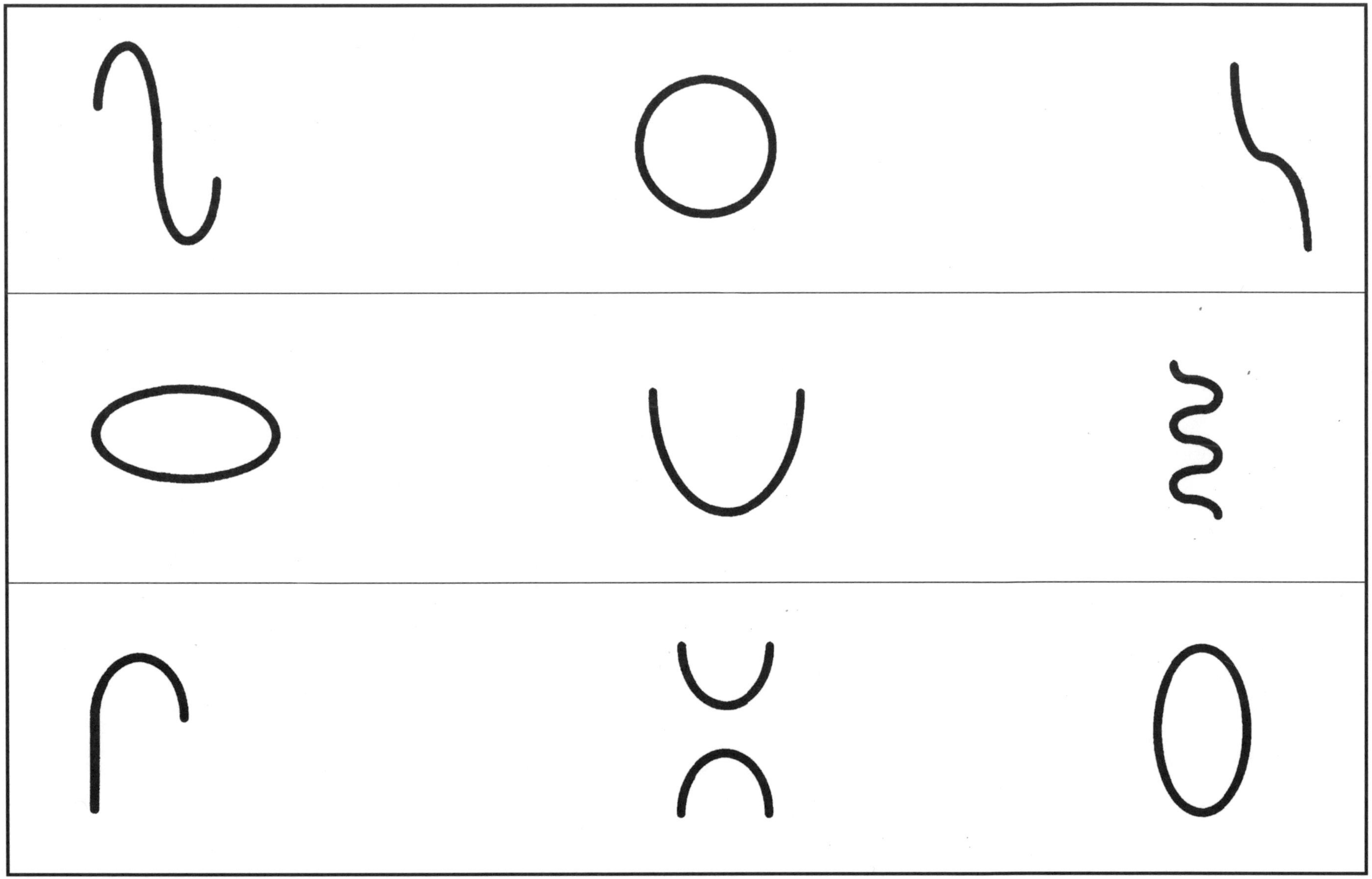

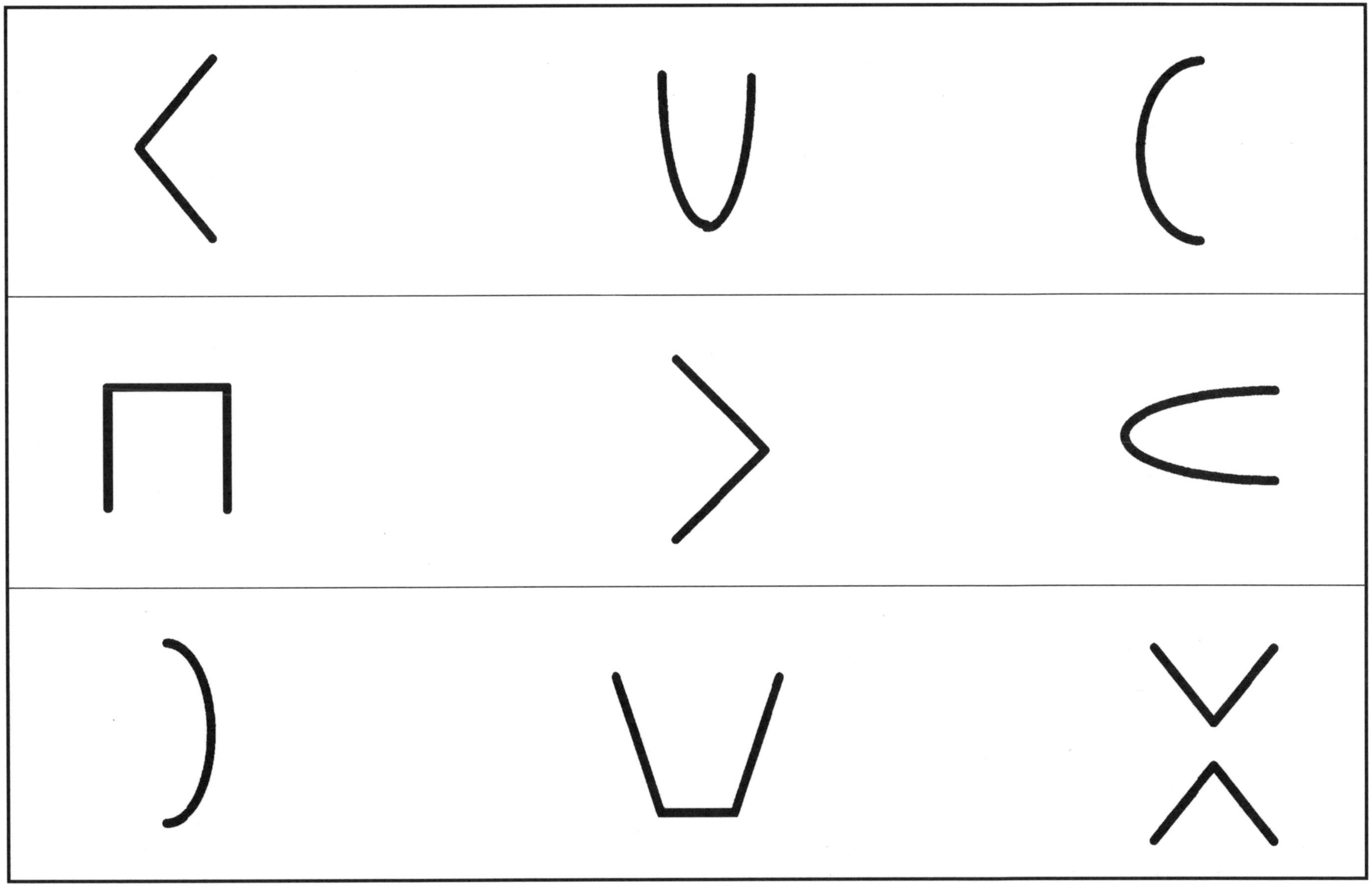

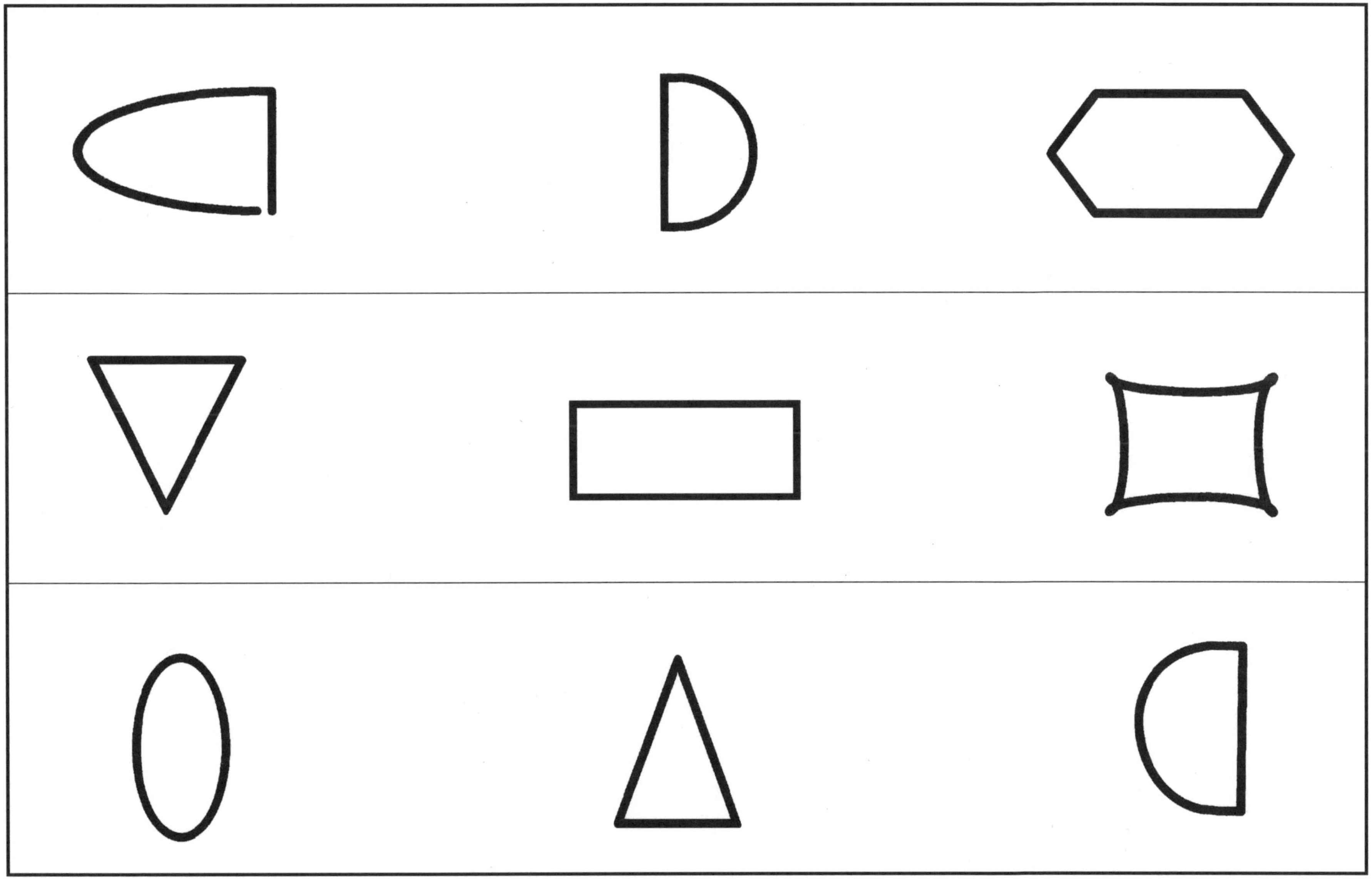

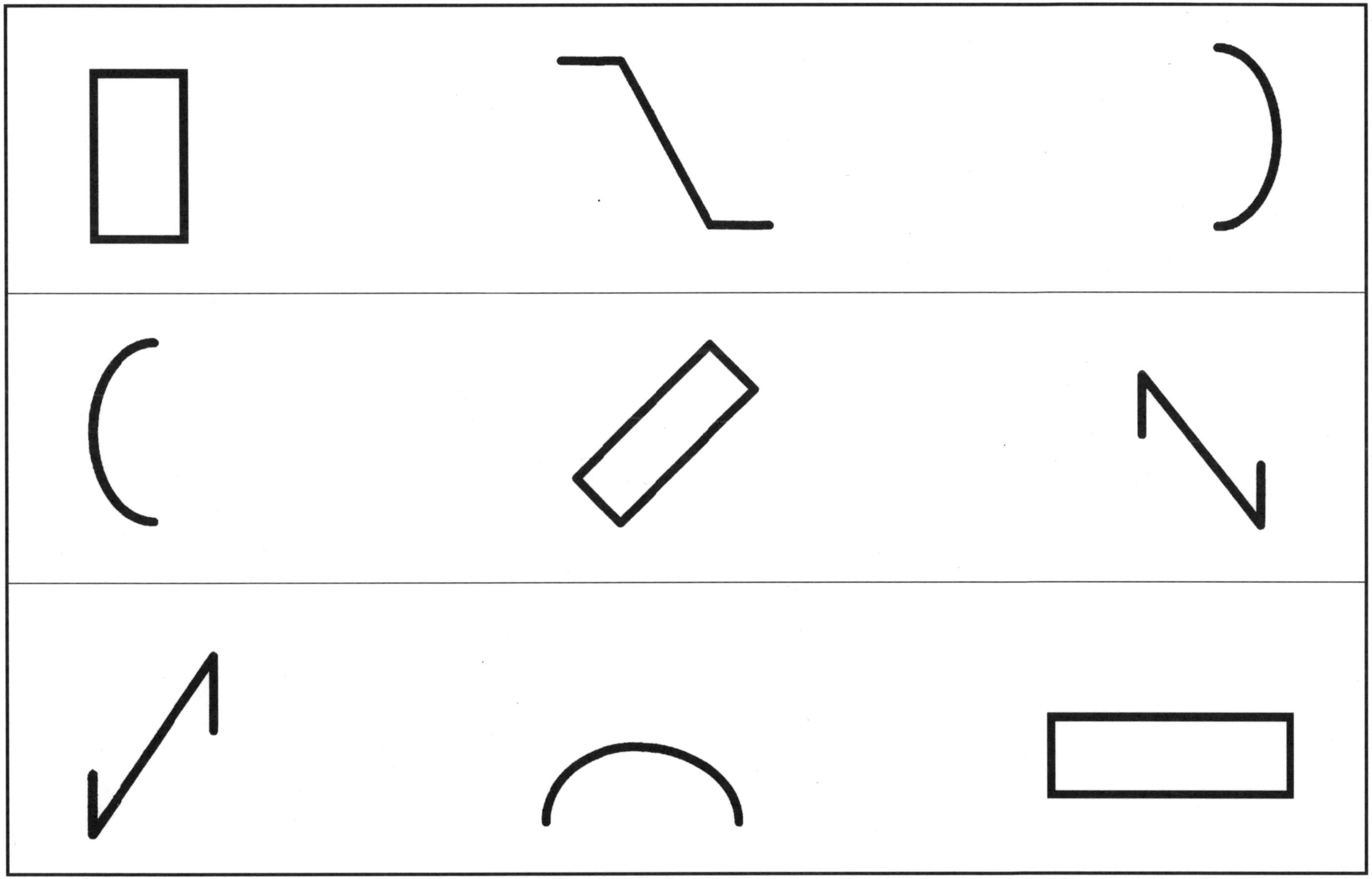

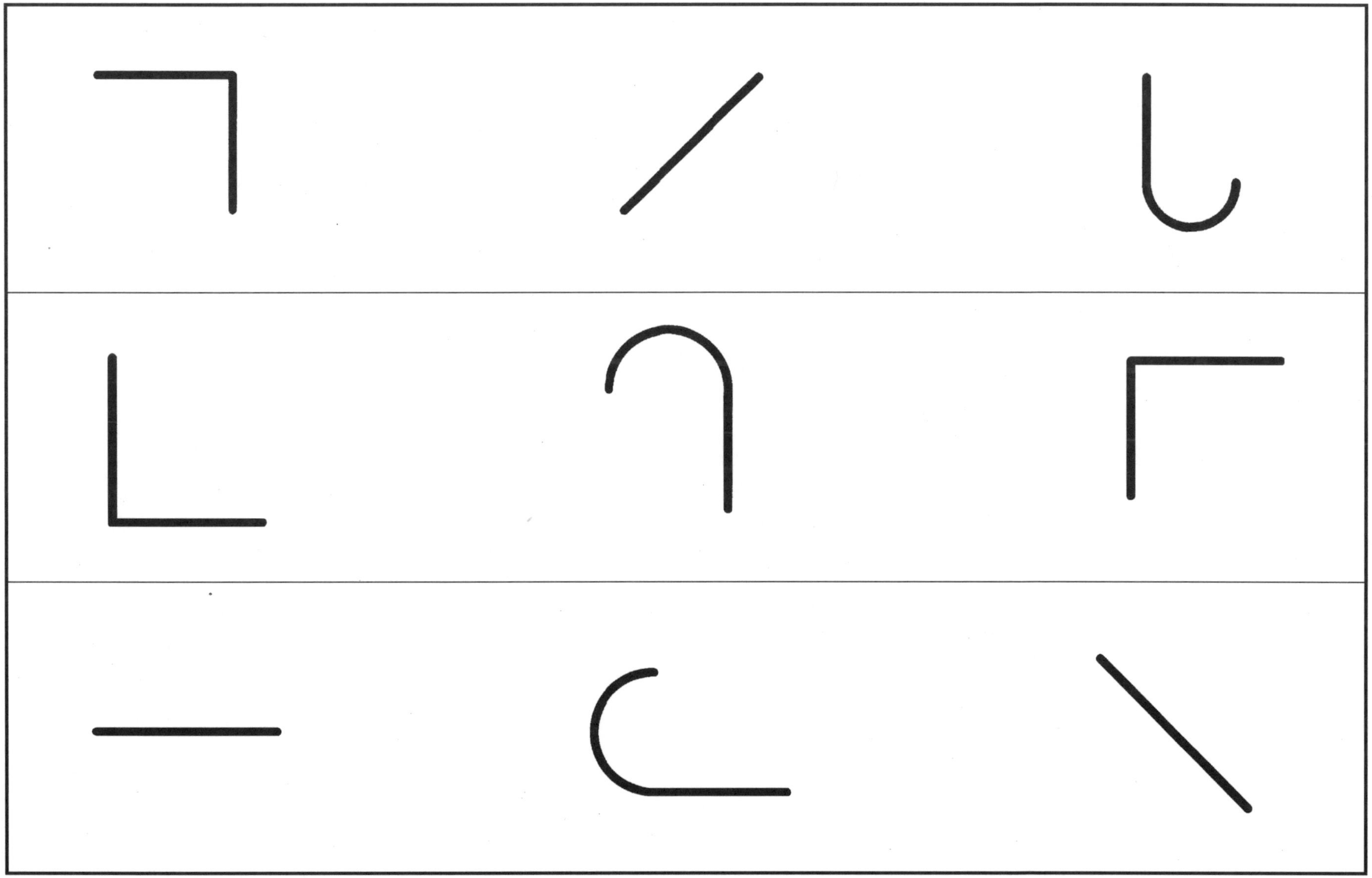

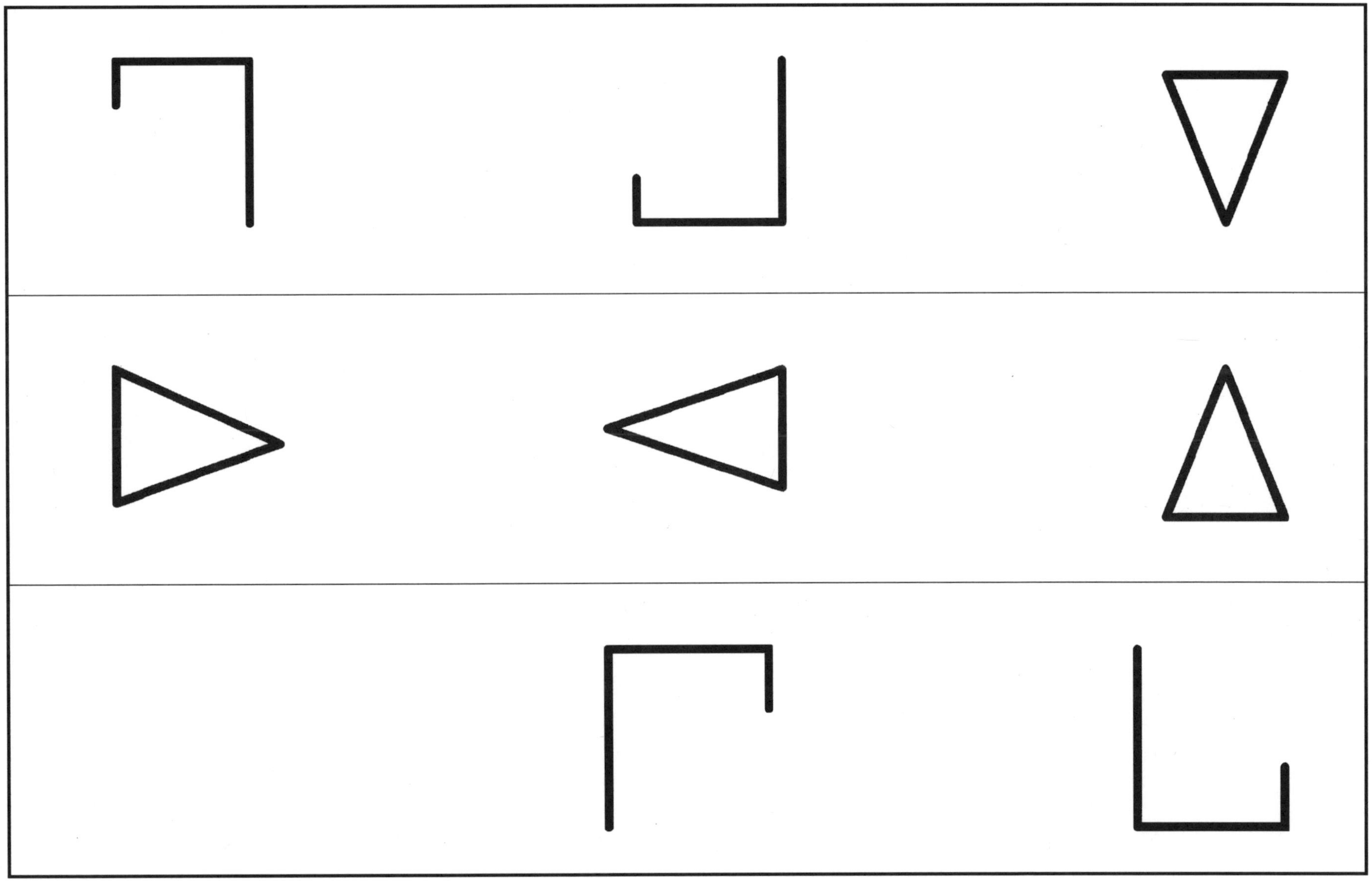

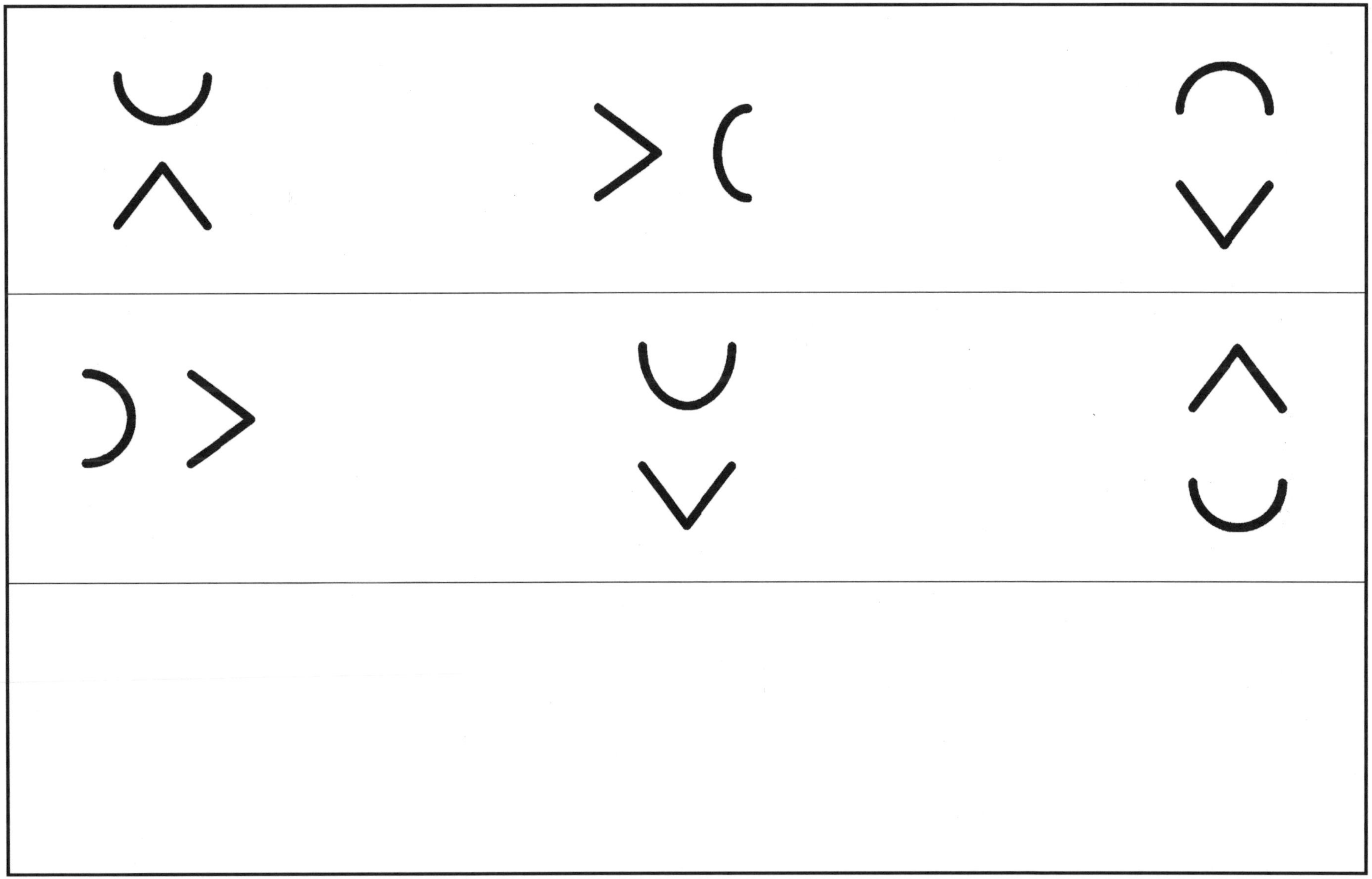

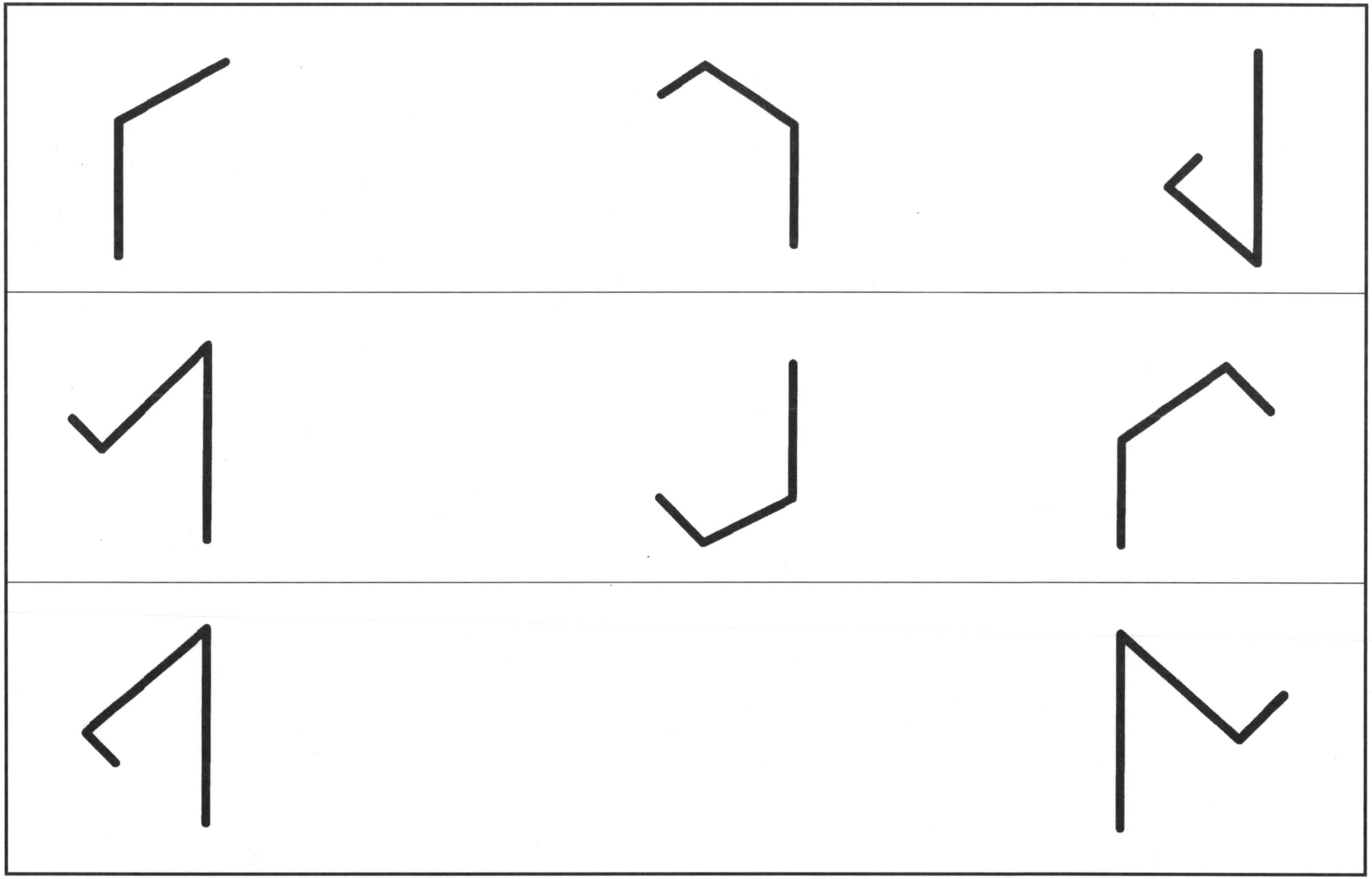